AUSGEFALLENER SCHMUCK IM ETHNO-STIL

Rote lange Kette

Material (Abb. Seite 1 + 3)

- 2 Antik-Schmuckanhänger
- 10 gemischte Metallteile
- 3 weinrote Häkelperlen, Ø 20 mm
- 4 weinrote Häkelperlen, Ø 15 mm
- 9 Stab Horn, 12 x 6 mm
- 6 gerillte Stab Bein, 25 x 8 mm
- 12 antike, gerillte Kunststoffkugeln
- 3 Perlen Bein mit Kerben, Ø 8 mm
- 22 antike Kettelstifte
- 8 konische Metallperlen
- 4 antike, gerillte Kunststoffblumen
- 3 m helle Baumwollkordel, Ø 1 mm
- 5 bordeaux Schmuckholzkugeln, Olive, 20 x 10 mm
- 2 bordeaux Schmuckholzkugeln, Würfel, 10x10 mm
- 2 bordeaux Schmuckholzkugeln, Ø 12 mm
- 1 bordeaux Schmuckholzkugel, Ø 20 mm
- 0,5 m Antik- Ankerkette

Die Perlen gemäß Foto oder nach Belieben auf die Kettelstifte auffädeln und mit der Ankerkette verbinden. An gewünschter Position die beiden Antik-Schmuckanhänger mit den mittleren Ösen in die Ankerkette mit einarbeiten.

Durch die innen liegenden Ösen je eine ca. 1,5 m lange Baumwollkordel mittig durchziehen. Darauf die Perlen gemäß Foto auffädeln. Zwischen den Perlen wird immer geknotet. Die Endstücke durch eine große Kugel kreuzen, nach Belieben ein Ende arbeiten und die Kordeln abschneiden.

Die Reststücke der Kordel durch die äußeren Ösen der Schmuckanhänger ziehen und nach Belieben noch ein paar Perlen auffädeln und verknoten.

Impressum:

ISBN 10: 3-86545-155-1 ▪ ISBN 13: 978-3-86545-155-2 ▪ Best.-Nr.: 45155

Fotos: Andrea Splietker
Styling: Andrea Splietker
Grafik/Zeichnungen: Daria Broda
Layout/Satz/Bildbearbeitung: Andrea Splietker
Druck: Merkur, Detmold▪ www.merkur-druck-online.de

1. Auflage 2006

VORWORT

In diesem Buch finden Sie verschiedene Variationen zum Anfertigen von Schmuck aus verschiedenen Kulturen. Sie können endlos variieren und jede Kette ganz genau nach Ihrem Geschmack gestalten. Tauschen Sie zum Beispiel Holzperlen gegen Glasperlen oder auch die Zusammenstellung der Farben. In jede Kette können Sie Ihre Restperlen einarbeiten - auch ein Materialmix gibt dem Schmuckstück einen ganz besonderen Reiz. Mithilfe der im Buch gezeigten Modellen fertigen Sie so Ihre ganz persönlichen Lieblingsstücke.

Viel Spaß wünscht Ihnen Ihre

Gaby Wiedemann

Danke an die Modells Azza, Simone und Sonja.

MATERIAL & WERKZEUG

Nylonfaden

Ohrhaken,
Kettenverschlüsse,
Ringel,
Quetschperlen

Außerdem:
- Niet- und Kettelstifte
- Baumwollkordel
- Ankerketten
- Spiraldraht für Hals- und Armreif

Schmuckdraht

2 Flachzangen,
Rundzange,
Seitenschneider

verschiedene Perlen (Glasperlen, Holzperlen, Muschelperlen, Rocailles, Renaissance-Perlen, Ethno-Beads, etc.)

So wird's gemacht!

Flachzange

Mit zwei Flachzangen werden die Kettenglieder neben der Öffnung gefasst und so zum Öffnen und Schließen auseinander und wieder zusammen gebogen.

Quetschperlen

Quetschperlen werden zum Befestigen des Verschlusses verwendet. Das Endstück des Nylonfadens oder Schmuckdrahtes durch eine Quetschperle, durch den Verschluss und wieder durch die Quetschperle zurückführen. Den Nylonfaden bzw. Schmuckdraht stramm ziehen und die Quetschperle mit einer Flachzange gut zusammendrücken. Den Faden durch ein paar Perlen zurückfädeln und abschneiden.

Ringel

Ringel werden mit der Flachzange geöffnet, das Schmuck-Teil eingehängt, an der Kette platziert und wieder mit der Flachzange verschlossen.

Lederbandverbinder

Das Endstück des Lederbandes oder der Baumwollkordel/n wird in den Lederbandverbinder eingelegt und mit der Flachzange zusammengedrückt. Am Lederbandverbinder und am Verschluss wird zum Verbinden ein Ringel eingehängt.

Niet- und Kettelstifte

Kettelstifte haben an einer Seite eine Öse. Es werden Perlen aufgefädelt und der Kettelstift gegebenenfalls verkürzt. Das offene Ende wird mit einer Rundzange zu einer weiteren Öse gebogen. Kettelstifte eignen sich, um Kettenstücke miteinander zu verbinden. Nietstifte haben an einem Ende ein Köpfchen. Auf diesen werden die Perlen ebenfalls aufgefädelt und der Nietstift gegebenenfalls verkürzt. Das offene Ende wird zu einer Öse gebogen. Vor dem Verschließen der Öse wird der Nietstift an der gewünschten Position der Kette oder des Armbandes eingehängt.

Ankerketten

Ankerketten sind Gliederketten, die es in verschiedenen Ausführungen gibt. Zum Zerlegen einer Ankerkette werden mit zwei Flachzangen – wie oben beschrieben – einzelne Kettenglieder auf – und zu gebogen.

Rundzange

Mit der Rundzange werden an den Kettel- bzw. Nietstiften die Ösen gebogen. Mit der Zangenspitze kann eine sehr kleine Öse, und mit dem breiten, hinteren Teil der Rundzange eine etwas größere Öse gebogen werden.

Rosa dreireihige Kette

Material
- Antik- Knebelverschluss
- Antik- Ankerkette, Ø 1,2 mm, 0,5 m lang
- 3 rosa Häkelperlen, Ø 15 mm
- 2 rosa Häkelperlen, Ø 20 mm
- 9 Palmholzperlen, Würfel, 10x10 mm
- 3 Palmholzperlen, Ø 20 mm
- 1 Palmholzperle, Ø 12 mm
- 4 rosa Schmuckholzperlen, Ø 15 mm
- 1 rosa Schmuckholzperle, Ø 12 mm
- 13 antike Kunststoffperlen
- 2 antike Schmuckanhänger mit 3 Löchern
- 12 rosa Glasperlen
- 2 Antik- Metallanhänger „Schuhe"
- 2 Metallanhänger „Schmetterling"
- Rocailles mit Silbereinzug, amethyst, matt, 4,5 mm
- rosa Glasperlenmischung
- 5 rosa Wachsperlen, Ø 8 mm
- 12 Antik- Kettelstifte
- 2 m rosa Baumwollkordel, Ø 1 mm
- 1 m Schmuckdraht
- 2 Quetschperlen

Zunächst an beide Knebelverschlussteile je ca. 9 cm Ankerkette anbringen.

Dann auf zehn Kettelstifte beliebig Perlen auffädeln. Auf zwei Kettelstifte nun je eine große Palmholzkugel fädeln. In einen dieser beiden Kettelstifte ein Nylonfaden mittig einhängen und mit einer Quetschperle fixieren. Anschließend auf beide Nylonfäden die Rocailles sowie je eine Glasperle auffädeln, das Ganze an dem anderen Kettelstift mit der Palmholzperle mit einer Quetschperle fixieren.

Nun werden die Kettelstifte, die beiden Schmuckanhänger (an der inneren Öse) und die Ankerkettenstücke gemäß Abbildung miteinander verbunden.

Das Schmuckdrahtstück mit einer Quetschperle an der mittleren Öse des Schmuckanhängers befestigen, verschiedene Perlen nach Belieben auffädeln und mit dem anderen Schmuckanhänger an der mittleren Öse verbinden.

Die Baumwollkordel in zwei gleich lange Stücke teilen und jeweils mittig durch die äußeren Ösen des Schmuckanhängers ziehen. Darauf werden die restlichen Perlen beliebig einfach aufgefädelt und die Kordeln zwischen den Perlen immer locker verknotet.

Zum Schluss die Kordeln gemeinsam durch eine große Palmkugel führen, die Endstücke beliebig mit Perlen auffädeln und verknoten.

Ohrringe

Material
- 2 Ohrhaken
- Nylonfaden, 0,25 mm
- Rocailles mit Silbereinzug, amethyst, matt, Ø 4,5 mm
- 2 Palmholzperlen, Würfel, 10x10 mm
- 2 rosa Glasperlen
- 2 Quetschperlen
- 2 kleine Glasperlen

Auf ein etwa 13 cm langen Nylondraht zunächst mittig 14 Rocailles fädeln, die Drahtenden zusammennehmen, eine Würfelperle aufziehen und die restlichen Perlen auffädeln. Dann eine Quetschperle ergänzen, den Draht zu einer Öse biegen, zurück durch diese Quetschperle führen und zusammendrücken. Schließlich an den Ohrhaken anbringen.

Rosa Kette mit rundem Kokos-Ornament

Material
- 2 Kokos-Ornamente, Kreis
- 1 m Antik- Ankerkette
- 3 Antik- Ringel
- 8 Antik- Kettelstifte
- 5 Antik- Nietstifte
- 8 Blüten Bein aus Sortimentsbox
- 13 Kugeln Bein aus Sortimentsbox
- 21 rosa Glaswachsperlen, Ø 6 mm
- 6 rosa Glaswachsperlen, Ø 8 mm
- 3 rosa Schmuckholzperlen, Würfel, 10x10 mm
- 3 rosa Schmuckholzperlen, Ø 15 mm
- 3 Palmholzkugeln, Ø 15 mm
- 3 Palmholzwürfel, 10x10 mm
- 1 rosa Perlmutttropfen
- 6 fuchsia Swarovski-Glasschliffperlen, Ø 4 mm

Zunächst in ein Kokos-Ornament zwei ca. 6 cm lange Ankerkettenstücke einhängen und je mit einem Ringel schließen. Die Perlen entweder gemäß Foto oder nach Belieben auf Kettelstifte bzw. auf einen Schmuckdraht auffädeln und in die Ankerkette einarbeiten.

In das zweite Kokos-Ornament ebenfalls zwei je ca. 6 cm lange Ankerkettenstücke einhängen und mit je einem Ringel verschließen. Nun die beiden Kokos-Ornamente mit einem Ringel miteinander verbinden.

Zum Schluss in den untersten Ringel fünf verschieden lange Kettenstücke mit aufgefädelten Nietstiften einhängen.

Naturkette mit quadratischem Kokos-Ornament

Material
- Kokos-Ornament, Quadrat
- 3 elfenbeinfarbene Schmuckperlen, Ø 12 mm
- 4 elfenbeinfarbene Schmuckperlen, oval, 10 x 20 mm
- 6 Palmholzperlen, Würfel, 10x10 mm
- 3 Palmholzperlen, Ø 15 mm
- 1 Palmholzperle, Ø 20 mm
- 3 antikgoldene Nietstifte
- 14 antikgoldene Kettelstifte
- 1 m antikgoldene Ankerkette, 1,2 mm
- 44 kaschmirfarbene Glaswachsperlen, Ø 4 mm
- braune Rocailles, Ø 2 mm
- antikgoldener Knebelverschluss

Zunächst alle Teile gemäß Foto oder nach Belieben auf Niet- bzw. Kettelstifte auffädeln und mit der Ankerkette verbinden. Dann an beiden Enden je ein Teil des Knebelverschlusses anbringen.

Dabei ist zu beachten, dass die linke Seite genauso wie die rechte Seite gearbeitet wird.

Ohrringe

Material
- 2 Ohrhaken
- 2 Nietstifte
- 2 Kettelstifte
- 2 Palmholzperlen, Ø 15 mm
- 2 Palmholzperlen, Würfel, 10x10 mm
- 8 kaschmir Glaswachsperlen, Ø 4 mm
- braune Rocailles, Ø 2 mm

Die Perlen gemäß Abbildung auf die Niet- bzw. Kettelstifte auffädeln, miteinander verbinden und an den Ohrhaken einhängen.

GEKNÜPFTE NATURKETTE

Material
- 3 schwarze Stab Horn, 50 mm lang
- 6 rot-braune Stab Horn, 50 mm lang
- 7 Bayong Holzperlen, Würfel, 10x10 mm
- 4 Palmholzperlen, Würfel, 10x10 mm
- 7 Scheiben Bein, Ø 10 mm
- 8 Stab Horn, 12 x 6 mm
- 7 schwarz-weiße Perlen mit Kerben, Ø 14 mm
- 8 schwarze Holzperlen, Ø 12 mm
- 3 Bayong Holzperlen, Ø 15 mm
- 4 schwarze Scheiben Horn, Ø 10 mm
- 4 m natur Baumwollkordel, Ø 1 mm

Zu Beginn die Baumwollkordel in zwei gleich lange Stücke teilen und zwei Enden miteinander verknoten. Danach alle Perlen in beliebiger Reihenfolge auffädeln und zwischen den einzelnen Perlen immer verknoten.

Die Perlen können abwechslungsweise auf eine oder auf beide Kordeln, oder verkreuzt aufgefädelt werden.

Nachdem alle Teile aufgefädelt sind, die Kordeln wieder miteinander verknoten. Zum Schluss an beliebiger Position noch ein Knoten machen, um die Kette zu schließen.

Natur-schwarze Kette

Material
- Box mit gemischten Naturperlen
- 1 Karabinerverschluss
- 2 Ringel
- 2 Lederbandverschlussteile
- 3 m naturfarbene Baumwollkordel, Ø 1 mm

Die Baumwollkordel in zwei gleich lange Stücke teilen. Dann in jede Kordel mittig, mit einem Lederbandverbinder, den Verschluss anbringen.

Nun die Perlen in beliebiger Reihenfolge auf einen Faden auffädeln und dazwischen die Kordeln immer locker miteinander verknoten. An gewünschter Position alle vier Fäden durch das Quadrat führen und am Ende verknoten. Anschließend einen beliebigen Schluss mit den kleineren Perlen bilden, verknoten und die Bandenden etwa 8 cm lang lassen.

Accessoires in sanften Tönen

Halsreif

Material

- Glasperlenbox mit Naturperlen
- 0,5 m Spiraldraht „Halsreif"
- Nylonfaden, 0,25 mm
- 6 Quetschperlen

Zu Beginn an einem Ende des Spiraldrahtes mit der Rundzange eine kleine Öse biegen, um den Draht zu schließen. Danach die Perlen laut Abbildung auffädeln und den Draht wieder mit einer Öse schließen. Auf sechs ca. 15 cm lange Nylonfäden je eine Rocailles mittig auffädeln und dann die Perlen beliebig auf beide Fadenenden auffädeln. Zum Schluss an jeder Öse des Halsreifes drei solcher Perlenstücke mit einer Quetschperle fixieren.

Armreifen

Material

- Rest aus der Glasperlenbox vom Halsreif
- 0,5 m Draht „Armreif"

Mit der Rundzange an einem Ende des Spiraldrahtes für Armreifen eine kleine Öse biegen. Danach die Perlen in beliebiger Reihenfolge auffädeln. Zum Schluss wieder eine kleine Öse biegen um den Draht zu schließen.

Ohrringe

Material

- 2 Ohrhaken
- 2 Quetschperlen
- Nylonfaden, 0,25 mm

Verschiedene Perlen auf zwei verschieden lange Nylonfäden auffädeln und mit einer Quetschperle am Ohrhaken fixieren.

Türkise Kette mit Blatt-Kokos-Ornament

Material
- 1 Kokos-Ornament, Blatt
- 1 Bayong-Holzperle, Würfel, 10x10 mm
- 1 Palmholzperle, Würfel, 10x10 mm
- 1 Palmholzperle, Ø 12 mm
- 1 Bayong-Holzperle, Ø 12 mm
- 2 Bayong-Holzperlen, Ø 10 mm
- 1 Palmholzperle, Ø 15 mm
- 25 braungoldene Rocailles mit Silbereinzug, Ø 4 mm
- 2 türkise Glasherzen
- 6 türkise Glaswachsperlen, Ø 6 mm
- 5 türkise matte Würfelperlen, 6 x6 mm
- 2 türkise Glaswachsperlen, Ø 12 mm
- 16 antikgoldene Kettelstifte
- 6 antikgoldene Ringel
- 1 m antikgoldene Kette, 1 mm
- 6 türkise Swarovski-Glasschliffperlen, Ø 4 mm
- 2 Bayong-Holzperlen, Röllchen, 20 x 8 mm
- 8 azurblaue Perlmutt-Schmuckknöpfe „Blume", Ø 20 mm

Zunächst die verschiedenen Perlengruppen laut Abbildung auf Kettelstifte auffädeln und mit der Ankerkette verbinden. Die Kette im unteren Bereich auf beiden Seiten zweireihig arbeiten.

Dabei ist zu beachten, dass die linke Seite ähnlich wie die rechte Seite gearbeitet wird.

Das Kokos-Ornament-Blatt auf beiden Seiten in die Ankerkette einhängen und mit einem Ringel befestigen.

Glänzendes Türkis

Türkise Kette mit Artistrywear-Anhänger

Material
- antikgoldener Karabinerverschluss
- 12 braune verschiedene Glasperlen
- 6 türkise verschiedene Glasperlen
- 4 braune Glasblätter
- türkise Rocailles, Ø 4 mm
- 1 antikgoldener Metallanhänger
- 1 türkisfarbener Artistrywear-Anhänger
- antikgoldene Ankerkette, 1,2 mm
- 5 antikgoldene Ringel
- 2 türkise Schmuckholzperlen, Würfel 10x10 mm
- 4 hellbraune verschiedene Holzperlen

Zunächst von der Ankerkette ca. 6 cm abtrennen, durch den Glasanhänger ziehen und mit beiden Enden in einen Ringel einhängen. Ebenfalls in diesen Ringel ein Ankerkettenglied einhängen. In dieses ein Glasblatt und die untere Öse des Metallanhängers befestigen. In die oberen äußeren Ösen des Metallanhängers je einen ca. 25 cm langen Schmuckdraht mit einer Quetschperle fixieren. Nun einige Perlen in beliebiger Reihenfolge auf die Schmuckdrähte auffädeln und wieder mit einer Quetschperle an einem Ringel fixieren. (Tipp: linke und rechte Seite ähnlich arbeiten). In die mittlere obere Öse des Metallanhängers ein Ringel einhängen, in dem zwei 25cm lange Ankerkettenstücke befestigt werden. Die Ankerkettenstücke nun in die oberen Ringel einhängen. Die restlichen Perlen und Blätter auf Kettelstifte auffädeln und an beliebiger Stelle in die Ankerkette einarbeiten. Zum Schluss links und rechts in gewünschter Länge Ankerkettenstücke und an den Enden ein Karabinerverschluss sowie ein Ringel anbringen.

Ohrringe

Material
- 2 antikgoldene Ohrhaken
- 2 antikgoldene Nietstifte
- 2 antikgoldene Kettelstifte
- 8 braune Rocailles mit Silbereinzug, Ø 4 mm
- 2 türkise Glaswachsperlen, Ø 10 mm
- 2 braune Glastropfen-Perlen
- 4 Glieder einer antikgoldenen Ankerkette

Auf einen Nietstift eine Rocaille, den Glastropfen und wieder eine Rocaille aufziehen. Dann das Stiftende zu einer Öse biegen, ein Kettenglied aufnehmen und die Öse schließen. Nun einen Kettelstift in das Kettenglied hängen, zwei Rocailles sowie eine Wachsperle auffädeln und das Ende zu einer Öse biegen. Mit einem weiteren Kettenglied den Perlenstrang an den Ohrhaken hängen.

Mehrreihige Rocaillekette

Material

- antikgoldener Knebelverschluss
- 14 antikgoldene Quetschperlen
- Nylonfaden, 0,25 mm
- türkise Acrylperlenmischung, 15 mm
- türkise Acrylperlenmischung, 18 und 25 mm
- 2 antikgoldene Metallteile
- 20 light peach Glaswachsperlen, Ø 6 mm
- matt topasfarbene Rocailles mit Silbereinzug, Ø 4,5 mm
- 1 Dose topasfarbene Glasschliffperlen, Ø 4 mm
- 2 dunkeltopasfarbene Glasschliffperlen, Ø 6 mm
- 2 Dosen aprikotfarbene Rocailles, Ø 2,5 mm

Auf zwei ca. 1 m lange Nylonfäden ein Teil des Knebelverschlusses mittig einhängen und mit einer Quetschperle fixieren. Nun zwei ca. 5 cm lange Reihen Rocailles auffädeln. Bei der ganzen Kette zwischen den Rocailles immer wieder in beliebiger Reihenfolge andere Perlen (Glasschliffperlen, Glaswachsperlen, Acrylperlen, etc.) zur Auflockerung einarbeiten. Nun alle vier Fäden durch eine große Rocailles, eine Acrylperle und wieder eine große Rocailles führen und dann auf die vier Fäden wieder getrennt ca. 5 cm Rocailles auffädeln. Diesen Vorgang wiederholen und als Nächstes mit einer Quetschperle das Metallteil an der oberen Öse befestigen. Die andere Seite wird vom zweiten Teil des Knebelverschlusses aus bis zum Metallteil identisch gearbeitet. Nun in die unteren Ösen eines Metallteiles Nylonfäden mittig durchziehen und mit einer Quetschperle fixieren. Auf jeden Faden die Perlen in beliebiger Reihenfolge auffädeln und ebenfalls mit einer Quetschperle an der Öse des gegenüberliegenden Metallteiles befestigen. Dabei ist zu beachten, dass die Fäden (Bögen) nach unten hin immer etwas länger werden.

Purple Velvet

Ohrringe

Material

- 2 Ohrhaken
- 2 Nietstifte
- 2 purple velvet Schmuckperlen, Würfel
- 2 Kugeln Bein, Ø 10 mm
- 4 krystall Swarovski-Glasschliffperlen, Ø 4 mm
- 2 Glieder einer antiksilbernen Ankerkette

Auf die Nietstifte zunächst jeweils eine Swarovskiperle, einen Würfel, wieder eine Swarovskiperle und dann die Kugel Bein-Perlen auffädeln. Die Enden zu einer Öse biegen, je ein Kettenglied einarbeiten und die Ösen schließen. Zum Schluss an den Ohrhaken befestigen.

Kette mit Kokos-Ornament

Material

- 1 Kokos-Ornament, Kreis
- 11 Metallperlen, gemischt
- 1 antiksilberner Karabinerverschluss
- 2 antiksilberne Ringel
- 3 m rosa Baumwollkordel, Ø 1 mm
- 5 purple velvet Schmuckholzperlen, oval 10 x 20 mm
- 2 purple velvet Schmuckholzperlen, Ø 12 mm
- 2 purple velvet Schmuckholzperlen, Ø 15 mm
- 3 purple velvet Schmuckholzperlen, Würfel, 10 x 10 mm
- 4 Stab Horn, 50 mm lang

Zunächst zwei gleich lange Kordeln mittig am Kokos-Ornament mit einer Schlaufe einhängen. Danach die Perlen beliebig und immer mit einem Knoten dazwischen auffädeln. Die Perlen können auf eine Kordel, auf beide zusammen oder gekreuzt aufgefädelt werden. Je nach beliebiger Länge am Schluss der Kordel, mit einem Lederbandverbinder, den Karabinerverschluss anbringen. Am unteren Teil des Kokos-Ornamentes drei ca. 50 cm lange Kordelstücke mit einer Schlaufe mittig einhängen. Die restlichen Perlen nach Belieben auffädeln und am Schluss mit einem Knoten fixieren.

SCHWARZ & ROT

SCHWARZ-ROTE KETTE

Material

antiksilberne Ankerkette, 1,0 mm ◆ 1 antikesilberner Ringel ◆ 2 weinrote Häkelperlen, Ø 15 mm ◆ 14 schwarze Perlen, Ø 12 mm ◆ 4 schwarze Stab Horn, 50 mm lang ◆ 11 rote matte Perlen, Ø 8 mm ◆ 3 rote Glasrechtecke, 15 x 10 mm ◆ 27 schwarze Rocailles, Ø 4 mm ◆ 3 bordeaux Schmuckholzperlen, Würfel, 10 x 10 mm ◆ 3 bordeaux, Schmuckholzperlen, oval, 10x12 mm ◆ 2 bordeaux Schmuckholzperlen, Ø 15 mm ◆ 2 Antik-Metallperlen ◆ 1 antikes Schmuckteil „Dreieck mit 3 Löchern" ◆ 2 antike Schmuckteile ◆ 6 kegelförmige Metallperlen ◆ 8 Antik-Kunststoffscheiben ◆ 6 Antik-Nietstifte ◆ 11 Anti-Kettelstifte ◆ 1 m Schmuckdraht ◆ 8 Quetschperlen

Zunächst drei Stücke von je 11 cm der Ankerkette abtrennen. Dann drei Kettelstifte auf eine Öse fädeln und durch das dreieckige Metallteil ziehen. In die zu Ösen gebogenen Kettelstifte, die drei zu unterschiedlich lang gelegten Stücke der Ankerkette, einhängen. Als Nächstes zweimal drei Kettenglieder an den Ringel anbringen, nochmals an dem jeweils letztem Kettenglied zwei weitere einarbeiten und mit den Antik-Metallteilen verbinden. Dann an jeder äußeren Seite Perlen auf Schmuckdraht fädeln und mithilfe von Quetschperlen an den Metallteilen befestigen. Für die inneren Kettenstränge verschiedene Perlengruppen auf Kettelstifte fädeln und mit Ankerkettenstücken verbinden. Die beiden Stränge oben, mit auf jeweils einem Kettelstift mit je einer Glasperle und zwei Rocailles, verbinden. Dann jeweils eine weitere Perlengruppe auf einen Kettelstift fädeln, Schmuckdraht mithilfe von Quetschperlen anbringen und weitere Perlen auffädeln. Zum Schluss ein weiteres Stück Ankerkette einfügen.

OHRRING

Material

2 antiksilberne Nietstifte ◆ 2 antiksilberne Kettelstifte ◆ 2 antiksilberne Ohrhaken ◆ 4 antiksilberne Kettenglieder ◆ 2 rote Glasrechtecke, 15 x 10 mm ◆ 8 schwarze Rocailles, Ø 4 mm ◆ 2 bordeaux Schmuckholzperlen, Würfel, 10 x 10 mm ◆ 2 schwarze Perlen, Ø 12 mm

Die untere Perlengruppe auf Nietstifte und die obere auf Kettelstifte fädeln. Die Stiftenden zu Ösen biegen und mit jeweils einem Kettenglied verbinden. Mit einem weiteren Kettenglied in die Ohrhaken einhängen.

SCHWARZE HERZKETTE

Material

Metallteil " Herz" ◆ 1 m schwarze Baumwollkordel, Ø 1 mm ◆ 6 Oliven aus Sortimentskasten ◆ 11 antike gerillte Kunststoffperlen ◆ 48 kleine antike Kunststoffperlen ◆ 60 schwarze matte Rocailles, Ø 4 mm ◆ Antik-Karabinerverschluss ◆ 2 antiksilberne Ringel ◆ 2 silberne Lederbandverbinder

Die Baumwollkordel in zwei gleich lange Stücke teilen und je mittig durch die Ösen am Herz ziehen. Nun eine Olive und eine gerillte Kunststoffperle auf beide Fäden auffädeln. Danach auf jede einzelne Kordel je fünf Rocailles sowie vier kleine antike Kunststoffperlen im Wechsel auffädeln und beide Kordeln wieder durch eine gerillte Kunststoffperle führen. Dieser Vorgang wird noch zweimal wiederholt und die andere Seite genauso gearbeitet. An beiden Enden mit einem Lederbandverbinder den Verschluss anbringen.

ARMBAND

Material

antiksilberner Knebelverschluss ◆ 2 antiksilberne Ringel ◆ 4 antike gerillte Kunststoffperlen ◆ 50 schwarze matte Rocailles, Ø 4 mm ◆ 2 silberne Lederbandverbinder ◆ 0,6 m schwarze Baumwollkordel, Ø 1 mm

An die Baumwollkordel mittig mit einem Lederbandverbinder und einem Ringel ein Teil des Knebelverschlusses anbringen. Danach im Wechsel auf beide Kordeln je fünf Rocailles und vier kleine Kunststoffperlen auffädeln. Nun beide Kordeln durch eine gerillte Kunststoffperle führen. Diesen Vorgang viermal wiederholen. Am Ende mit einem Lederbandverbinder und einem Ringel das andere Teil des Knebelverschlusses anbringen.

HERRENKETTE

Material

antiksilberner Karabinerverschluss ◆ 7 Antik-Kunststoffkugeln ◆ 21 Antik-Kunststoffwalzen 14 Antik- Kunststoffscheiben ◆ 21 schwarze Scheiben Horn, 10 mm ◆ 7 schwarze Holzkugeln , Ø 8 mm ◆ schwarze Rocailles, Ø 4 mm ◆ 2 Quetschperlen ◆ Nylonfaden, 0,25 mm

Den Nylonfaden mittig in einen Ringel einhängen und mit einer Quetschperle fixieren. In den Ringel den Karabinerverschluss einhängen. Nun alle Perlen nach Belieben auffädeln und am anderen Ende wieder mit einer Quetschperle ein Ringel anbringen.

WEISS-BRAUNE KETTE MIT ZÄHNEN

Material
- silberner Karabinerverschluss
- 2 silberne Lederbandverbinder
- 15 weiße Stab Horn, 12 mm lang
- 6 rotbraune Stab Horn, 50 mm lang
- 9 weiße Scheiben Bein, 10 mm lang
- 11 Muschel-Zähne, 30 mm lang
- 4 weiße Stab Bein, 25 mm lang
- braune Rocailles, Ø 4 mm
- 60 cm Schmuckdraht
- 2 Quetschperlen
- 3 m cremefarbene Baumwollkordel, Ø 1 mm
- 2 creme Perlmuttblüten mit 2 Löchern, Ø 20 mm
- 2 braune Holzperlen, Ø 12 mm

An die Baumwollkordel mittig einen Lederbandverbinder anbringen. Danach die Perlen laut Abbildung auffädeln und zwischen den Perlen immer Knoten machen. Nach ca. 25 cm eine Perlmuttblüte auf eine Kordel auffädeln und die Kordeln wieder miteinander verknoten. Danach gemäß Foto weiterarbeiten bis zur nächsten Perlmuttblüte, die wieder nur auf eine Kordel aufgefädelt wird. Nun identisch zur anderen Seite bis zum Verschluss nach oben arbeiten und den Verschluss mit einem Lederbandverbinder anbringen.

Dann auf den Schmuckdraht eine Rocailles auffädeln, beide Enden des Schmuckdrahtes durch das freie Loch der Perlmuttblüte führen und dort mit einer Quetschperle fixieren.

Danach können die restlichen Teile und die Muschelzähne aufgefädelt und am anderen Ende auf gleiche Weise an der Perlmuttblüte befestigt werden.

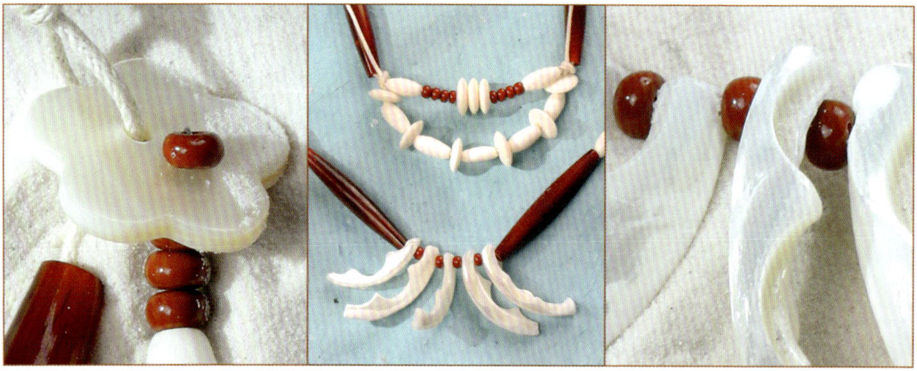

BLAU IM TREND

BLAUE KURZE KETTE

Material

- 2 m cremefarbene Kordel, Ø 1 mm
- 1 Ethnic Beads, Münze, Ø 25 mm
- 4 blaue matte, Holzperlen, Ø 12 mm
- 10 Ethnic Beads, Ø 8 mm
- 4 Ethnic Beads, Walze, 20 mm lang
- 2 silberfarbene Lederbandverbinder
- 1 antiksilberner Karabinerverschluss
- 2 blaue Ethnic Beads Stab mit 2 Löchern, 20 mm lang
- 2 silberfarbene Ringel

Die Kordel halbieren und die Ethnic Beads Münze auf beide Kordeln zusammen auffädeln und mittig einhängen. Danach die Perlen nach Belieben auffädeln. Dabei ist jedoch zu beachten, dass die linke Seite gleich wie die rechte Seite gearbeitet wird. Die Perlen abwechslungsweise auf beide oder auf eine Kordel auffädeln. Um einen besonderen Effekt zu erzielen, können die Kordeln auch durch die Holzperlen gekreuzt werden. Nach jeder Perle die Kordeln miteinander verknoten, um die Perlen zu fixieren. An den Enden je ein Lederbandverbinder anbringen und ein Ringel einhängen. Zum Schluss an einen Ringel den Karabinerverschluss anbringen.

BLAUES ARMBAND

Material

- 1 antiksilberner Knebelverschluss
- 1 m cremefarbene Kordel, Ø 1 mm
- 2 Ethnic Beads, Münze, Ø 25 mm
- 2 blaue matte Holzperlen, Ø 12 mm
- 4 Ethnic Beads, Ø 8 mm
- 2 blaue Ethnic Beads Stab, 20 mm lang
- 2 silberfarbene Lederbandverbinder

Hier wird ähnlich gearbeitet wie bei der Kette. Allerdings wird mit dem Verschluss begonnen. Die Kordel ebenfalls in zwei gleichlange Stücke teilen und an einem Ende ein Lederbandverbinder anbringen. In den Lederbandverbinder ein Ringel und daran ein Teil des Knebelverschlusses einhängen.

Danach die Perlen nach Belieben auffädeln. Wie bei der Kette – entweder auf eine oder auf beide Kordeln zusammen. Nach jeder Perle die Kordeln ebenfalls miteinander verknoten, um die Perlen zu fixieren. Zum Schluss wieder ein Lederbandverbinder, ein Ringel und das andere Knebelverschlussteil anbringen.

Grün-weisse Kette

Material

- 2 Ethnic-Beads Stab mit 2 Löchern, 20 mm lang
- 13 olivefarbene Holzkugeln, Ø 8 mm
- 45 Glasperlen, verschiedene Formen und Größen
- 14 gerillte Stab Bein, 25 mm lang
- 21 gerillte Perlen Bein
- 11 olivefarbene Holzperlen, verschiedene Formen und Größen
- 4 m olivgrüne Baumwollkordel, Ø 1 mm
- 2 m cremefarbene Baumwollkordel, Ø 1 mm
- 1 silberne Karabinerverschluss
- 2 silberne Lederbandverbinder
- 6 Muschel- Zähne

Die olivgrüne Baumwollkordel in vier und die cremefarbene Kordel in zwei gleich lange Stücke teilen. Nun zwei grüne und eine cremefarbene Kordel an einem Ende mit einem Lederbandverbinder miteinander verbinden und ein Ringel sowie Verschlussteil anbringen. Nach ca. 8 cm die Kordeln mehrfach locker miteinander verknoten. Danach die Perlen gemäß Foto oder beliebig drei- oder zweireihig bis zur Mitte auffädeln. Die andere Seite gleich arbeiten und mit einem Lederbandverbinder den anderen Teil des Verschlusses anbringen. In der Mitte die Kordeln miteinander verbinden.

Die restlichen Perlen und Muschel-Zähne nach Belieben auf Nylonfäden auffädeln, an gewünschter Position an der Kette einhängen und mit einer Quetschperle fixieren.